Bibliografische Information der Deutschen Nationalbibliothek:

Die Deutsche Bibliothek verzeichnet diese Publikation in der Deutschen National-
bibliografie; detaillierte bibliografische Daten sind im Internet über http://dnb.d-
nb.de/ abrufbar.

Impressum:

Copyright © 2014 GRIN Verlag, Open Publishing GmbH
Druck und Bindung: Books on Demand GmbH, Norderstedt Germany
ISBN: 978-3-656-95672-3

Dieses Buch bei GRIN:

http://www.grin.com/de/e-book/298919/star-alliance-strategische-allianzen-als-
erfolgskonzept-im-internationalen

Simon Strommer, David Jung

Star Alliance. Strategische Allianzen als Erfolgskonzept im internationalen Luftverkehr

GRIN Verlag

GRIN - Your knowledge has value

Der GRIN Verlag publiziert seit 1998 wissenschaftliche Arbeiten von Studenten, Hochschullehrern und anderen Akademikern als eBook und gedrucktes Buch. Die Verlagswebsite www.grin.com ist die ideale Plattform zur Veröffentlichung von Hausarbeiten, Abschlussarbeiten, wissenschaftlichen Aufsätzen, Dissertationen und Fachbüchern.

Besuchen Sie uns im Internet:

http://www.grin.com/

http://www.facebook.com/grincom

http://www.twitter.com/grin_com

Star Alliance – strategische Allianzen

als Erfolgskonzept im internationalen Luftverkehr

David Jung

Simon Strommer

Inhaltsverzeichnis

Abbildungsverzeichnis

1 Einleitung

1.1 Problemstellung und Zielsetzung der Arbeit

"Coming together is a beginning. Keeping together is progress. Working together is success. If everyone is moving forward together, then success takes care of itself." [1]

Bereits Henry Ford beschreibt im oben genannten Zitat, wie wichtig das Zusammenarbeiten, ist, um erfolgreich zu sein. Der Beginn der Zusammenarbeit entsteht durch das Zusammenkommen. Wenn man daraufhin auch zusammen bleibt, ist dies bereits ein großer Fortschritt. Sollte dann laut Henry Ford auch eine Zusammenarbeit folgen, kommt der Erfolg von selbst. Diese Aussage Henry Fords kann auch auf heutige Marktsituationen übertragen werden.

Es ist bekannt, dass die Unternehmen heutzutage mit steigenden Kundenanforderungen und gleichzeitigem Wettbewerbsdruck zu kämpfen haben. Den Anforderungen hierbei immer gerecht zu werden fällt sehr schwer, vor allem alleine. In vielen Bereichen ist daher eine Tendenz in Richtung gemeinsame Arbeit in Kooperationen zu erkennen. Dadurch können gemeinsame Erfahrungen und Know-How vereint werden und somit sind die Beteiligten in der Lage, besser auf Marktveränderungen reagieren. [2]

Auch in der Luftfahrtindustrie haben die Unternehmen mit den genannten Punkten zu kämpfen. Das Fliegen, früher noch ein Wunschtraum, hat sich zu einer umfassenden Branche entwickelt. Ebenso deren Kosten und Kundenwünsche sind in letzter Zeit gewachsen. Unkomplizierte und schnelle Verbindungen zwischen zwei Orten im Luftverkehr gelten heutzutage schon als selbstverständlich. Da die Anforderungen immer größer werden, haben die Fluggesellschaften immer höheren Druck, den Kundenwünschen gerecht zu werden. Einige Fluggesellschaften erkannten, wie vorteilhaft die gemeinsame Arbeit ist und gründeten die erste strategische Allianz, die Star Alliance. Die folgende Seminararbeit soll sich damit beschäftigen, warum strategische Allianzen im internationalen Luftverkehr als Erfolgskonzept dienen sollen, am Beispiel der Star Alliance. [3]

---

[1] Henry Ford Sayings, www.conservapedia.com
[2] Vgl. Götte, Fallstudie zur markorientierten Unternehmensführung, 2008, S. 25
[3] Vgl. Pompl, Luftverkehr, 2007, S. 1

1.2 Aufbau der Arbeit

Zunächst einmal werden die Begriffe geklärt, indem die Arten von Unternehmensbindungen beschrieben und strategische Allianzen definiert werden. Danach wird auf die Entstehung der Star Alliance bezuggenommen, welche rechtlichen Hintergründe für die Gründung relevant waren und welche Gründungsmotive von großer Bedeutung waren.

Hauptziel dieser Kooperation ist es, die Kosten zu senken, den Umsatz zu erhöhen und Kunden zu binden. Deshalb werden die Gewinnoptimierung und die Kundenbindung den Schwerpunkt der Arbeit darstellen. Es werden verschiedene Methoden und Verfahren aufgezeigt, auf welche Weise diese Ziele erreicht werden können.

Allerdings bietet eine strategische Allianz nicht nur Vorteile, sondern führt auch Probleme und Risiken mit sich, die nicht vernachlässigt werden sollten. Diese werden im Anschluss aufgezeigt.

Zuletzt werden die wichtigsten Punkte noch einmal zusammengefasst. Diese sollen dann eine Antwort auf die in der Einleitung behandelte Frage geben, warum strategische Allianzen im internationalen Luftverkehr als Erfolgskonzept dienen.

2 Eingrenzung und Definition der strategischen Allianzen

Um die Unternehmensziele auf lange Sicht zu gewährleisten, besteht die Möglichkeit, alleine zu agieren oder sich mit anderen Marktteilnehmern zusammenzuschließen. Bei einem Unternehmenszusammenschluss bleiben die einzelnen Unternehmen rechtlich und wirtschaftlich selbständig und bilden lediglich eine größere Einheit. Hierbei sind die Ziele der Unternehmen maßgebend für die Intensität der Beziehung, die Richtung der Zusammenschlüsse, die Dauer und die rechtlichen Grundlagen. [4]

Hinsichtlich der Richtung der Zusammenschlüsse bestehen folgende Unterscheidungen: [5]

- **Horizontale Verbindungen:** Zwei oder mehrere Unternehmen, die auf der gleichen Produktionsstufe stehen und somit die gleichen Produkte herstellen schließen sich zusammen.

- **Vertikale Verbindungen:** Im Gegensatz zur horizontalen Verbindung, kooperieren Unternehmen mit vor- oder nachgelagerten Produktionsstufen.

- **Diagonale Verbindungen:** Aus Unternehmen aus verschiedenen Branchen und Produktionsstufen entstehen Mischkonzerne, um die Wirtschaftlichkeit zu erhöhen.

---

[4] Vgl. Sterzenbach und Conrady, Luftverkehr, 2003, S. 185
[5] Vgl. Sturm, Allgemeine Betriebswirtschaftslehre, 2006, S. 91

2.1 Arten verschiedener Unternehmensverbindungen

Abhängig von der Intensität der Zusammenarbeit werden die Unternehmensverbindungen, wie in Abbildung 1 ersichtlich, klassifiziert:[6]

Abbildung 1: Arten verschiedener Unternehmensverbindungen

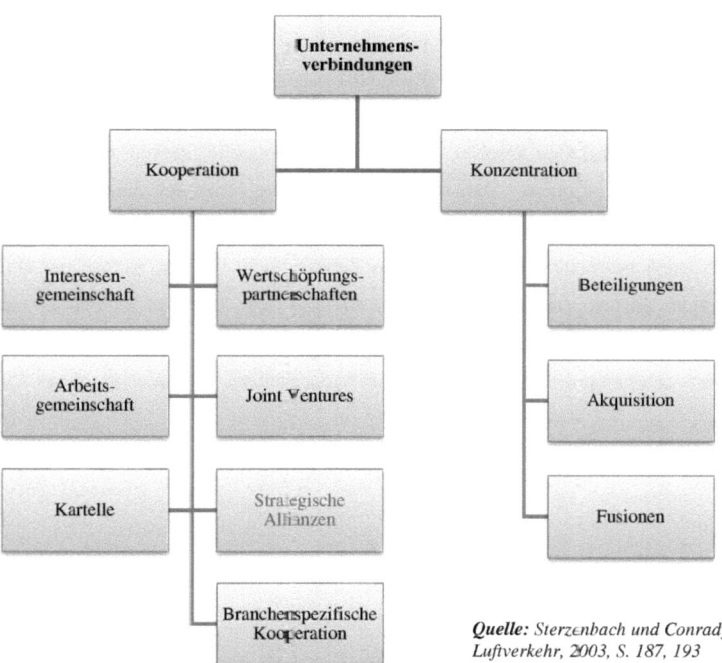

Quelle: Sterzenbach und Conrady, Luftverkehr, 2003, S. 187, 193

Unternehmensverbindungen werden in Kooperationen und Konzentrationen unterteilt.

Die **Konzentration** stellt den höchsten Grad der Zusammenarbeit dar. Hierbei unterstellen sich ein oder mehrere Unternehmen ihrem Verbindungspartner. Beispiele hierfür sind Beteiligungen, Akquisitionen und Fusionen.

---

[6] Vgl. Sterzenbach und Conrady, Luftverkehr, 2003, S. 187, 193

Die **Kooperation** hingegen entsteht durch die Zusammenarbeit mehrerer Unternehmen, welche dadurch gemeinsame Interessen verfolgen. Die Unternehmen innerhalb einer Kooperation agieren daher sowohl wirtschaftlich, als auch rechtlich selbständig. Hierzu zählen unter anderem strategische Allianzen.

2.2 Definition strategischer Allianzen

Eine konkrete Definition des Begriffs strategische Allianzen besteht nicht. Unter strategischen Allianzen versteht man laut Gabler eine Zusammenarbeit zwischen mehreren Unternehmen.[7] Eine Erweiterung der Definition liefern Backhaus und Piltz, die strategische Allianzen als Koalition von Unternehmen ansehen, um dadurch individuelle Stärken aus verschiedenen Bereichen zusammenzuführen.[8] Dabei arbeiten die Unternehmen selbständig, wobei sie in verschiedenen Wirtschaftsbereichen miteinander kooperieren und Kundenaufträge gemeinschaftlich bearbeiten. Dadurch können Ziele erreicht werden, welche ein einzelnes Mitglied nicht alleine erreichen könnte. Bei strategischen Allianzen handelt es sich um langfristige Unternehmenskooperationen. Der Eintritt ist freiwillig und jederzeit kündbar. Eine Grundvoraussetzung für die Zusammenarbeit sind gegenseitiges Vertrauen und Loyalität.

---

[7] Vgl. Gabler, wirtschaftslexikon.gabler.de
[8] Vgl. Backhaus/Piltz, 1990, S. 2

5

3 Die Gründung der Star Alliance

3.1 Die Entstehung der Star Alliance

Die Gründungsidee eines Zusammenschlusses wurde erstmals von Jürgen Weber, dem ehemaligen Vorstandsvorsitzenden der deutschen Lufthansa, auf dem Treffen der „Conquistadores del Cielo" im Jahre 1995 vorgetragen. Das Ziel war es, möglichst viele Fluggesellschaften in einer Allianz zu vereinen, um sich wirtschaftlich weiterzuentwickeln, ohne sich dabei fusionieren zu müssen und somit die Eigenständigkeit zu verlieren. 2 Jahre später wurde Webers Idee in die Tat umgesetzt. Die Fluggesellschaften Thai Airways, Scandinavian Airlines (SAS), United, Air Canada und Deutsche Lufthansa unterzeichneten einen Kooperationsvertrag [9] „Für uns war es der Griff nach den Sternen – und deshalb nannten wir das Bündnis Star Alliance" [10]

Im Laufe der Zeit hat sich die Star Alliance von den 5 Gründungsmitgliedern zu einer Anzahl von 26 Mitgliedern entwickelt. [11] Zudem erkannten weitere Fluggesellschaften die Vorteile einer solchen Kooperation und gründeten auch eine strategisch Allianz, wie z.B. Skyteam und OneWorld. Trotz der Konkurrenz, die sich in den letzten Jahren entwickelt hat, konnte die Star Alliance, wie in der folgenden Abbildung ersichtlich, den größten Marktanteil halten:

Abbildung 2: Marktanteile Allianzen in der Luftfahrt 2012

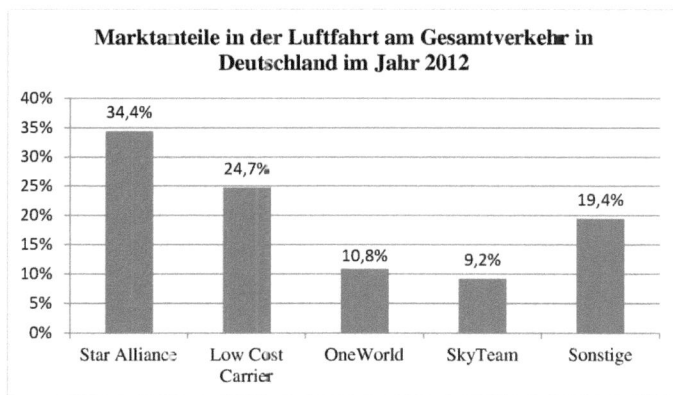

Quelle: Deutsche Flugsicherung: Luftverkehr in Deutschland – Mobilitätsbericht 2012, S. 16

---

[9] Vgl. Handelsblatt, Handelsblatt.com
[10] Vgl. Jürgen Weber, zitiert in Handelsblatt.com
[11] Vgl. Star Alliance, staralliance.com

Die drei strategischen Allianzen Star Alliance, SkyTeam und OneWorld gehören zu den größten Allianzen und beinhalten die bekanntesten Airlines. Die Konkurrenz der Airline Allianzen ist sehr groß, dennoch gibt es Unterschiede zwischen den Allianzen, welche im Folgenden aufgezeigt werden:

Abbildung 3: Vergleich von Strategischen Allianzen im Flugverkehr

	Star Alliance	SkyTeam	OneWorld
Mitglieder	Adria Airways, Aegean Airlines, Air Canada, Air China, Air New Zealand, ANA, Asiana Airlines, Austrian, Avianca, Brussels Airlines, Copa Airlines, Croatia Airlines, EGYPTAIR, Ethiopian Airlines, EVA Air, LOT Polish Airlines, Lufthansa, Scandinavian Airlines, Shenzhen Airlines, Singapore Airlines, South African Airways, SWISS, TAP Portugal, THAI, Turkish Airlines, United	Aeroflot, Aerolineas Argentinas, Aeroméxico, Air Europa, Air France, Alitalia, China Airlines, China Eastern, China Southern, Czech Airlines, Delta Air Lines, Garuda Indonesia, Kenya Airways, KLM, Korean Air, Middle East Airlines, Saudia, TAROM, Vietnam Airlines, Xiamen Air	Airberlin, American Airlines, British Airways, Cathay Pacific, Finnair, Iberia, Japan Airlines, LAN, TAM, Malaysia Airlines, Qantas, Qatar Airways, Royal Jordanian, S7 Airlines, SriLankan Airlines
Fluggesellschaften	26	20	15
Angeflogene Länder	193	178	152
Anzahl der Flughäfen	1.269	1.064	992
Passagiere pro Jahr	638 Mio.	588 Mio.	507 Mio.
Anzahl der Mitarbeiter	439.232	459.781	391.968
Flüge pro Tag	18.043	15.723	14.011
Anzahl der Flugzeuge	4.338	2.963	3.324
Zahl der Lounges	> 1000	564	> 600
Meilenprogramm	Star Alliance	SkyTeam	OneWorld
Status-Level	Silver, Gold	Elite, Elite Plus	Ruby, Sapphire, Emerald

Quelle: Star Alliance, staralliance.com; SkyTeam, www.skyteam.com; OneWorld, www.oneworld.com

3.2 Rechtlicher Hintergrund

Die Entwicklung strategischer Allianzen wurde unter anderem von rechtlichen und vertraglichen Faktoren beeinflusst.

In den letzten Jahren wird der Luftverkehr immer mehr liberalisiert und somit Einschränkungen für die Fluggesellschaften aufgelöst. Diese Restriktionen werden vor allem von den sogenannten Air Service Agreements (ASA) bestimmt.

Diese Einigungen entscheiden darüber, wie der Luftverkehr zwischen zwei Nationen geregelt ist. Beispielsweise wird durch die ASA festgelegt, welche Route von Fluggesellschaften beflogen werden darf und es werden die zugehörigen Tarife vorgeschrieben. Dies hat zur Folge, dass sich die Fluggesellschaften nur in einem geringen Maß an den Markt und die Nachfrage anpassen können.

7

Durch die Reduzierung der Vorschriften und die Freigabe der Tarife wird der Marktzugang zunehmend vereinfacht und somit der Wettbewerb gesteigert. Aufgrund der dadurch zunehmenden Konkurrenz wird es für die Fluggesellschaften immer schwieriger, sich im Alleingang durchzusetzen. Um sich an die Entwicklung anzupassen, können sie sich mit anderen Airlines vereinen oder einer strategischen Allianz beitreten.[12]

3.3 Gründungsmotive

Um langfristig wirtschaftliche Ziele verfolgen zu können, gehen Fluggesellschaften Unternehmensverbindungen ein, die aus folgenden Motiven entstehen:[13]

- **Erhöhung der Produktivität und Wirtschaftlichkeit:** Werden zwei Unternehmen vereint, welche dieselbe Tätigkeit ausüben, so können durch die gemeinsame Ressourcennutzung Kosten eingespart werden. Hierbei spricht man von sog. „Synergieeffekten".

- **Skalen- und Größenvorteile:** Durch die wachsende Produktionsmenge nach dem Zusammenschluss werden durch Stückkostendegression die Kosten pro Produkt reduziert.

- **Wachstum:** In schon länger bestehenden Märkten ist kaum noch mit Wachstum zu rechnen. Daher bleibt den Teilnehmern des Luftverkehrsmarktes nur die Möglichkeit, sich mit anderen Unternehmen zu verbinden.

- **Risikominderung:** Bei einer Vielzahl an Mitgliedern in einer Unternehmensverbindung können die Markt- und Produktrisiken auf einzelne Mitglieder abgewälzt und somit verringert werden.

- **Absatzsteigerung:** Vertrieb und Marketing können gemeinschaftlich genutzt und verbessert werden.

- **Beschaffungsoptimierung:** Der gemeinsame Einkauf eröffnet die Möglichkeit, den Lieferanten unter Druck zu setzen, um somit bessere Preise zu erzwingen.

- **Wettbewerbsreduktion:** Da durch die Verbindung von Unternehmen Wettbewerber, die bis dahin zur Konkurrenz gehörten, Partner werden, wird der Konkurrenzdruck gesenkt.

---

[12] Vgl. Götte, Fallstudie zur markorientierten Unternehmensführung, 2008, S. 25
[13] Vgl. Sturm, Allgemeine Betrebswirtschaftslehre, 2006, S. 91

4 Gewinnoptimierung

4.1 Code-Sharing

Unter Code-Sharing versteht man ein Abkommen zwischen zwei oder mehreren Fluggesellschaften. Ziel hierbei ist es, dass die eine Airline einen bestimmten Flug mit eigener Flugnummer und eigenem Designator Code vermarktet, aber nicht selbst durchführt. Dabei lässt sich zwischen verschiedenen Code-Sharing-Varianten differenzieren: [14]

- **Paralleles Code Sharing:** Dieses Abkommen, welches auch als Point-to-Point Code-Sharing bezeichnet werden kann, bedeutet, dass ein Flug von mehreren Airlines angeboten wird. Während die United Airlines beispielsweise einen Direktflug von Frankfurt nach Chicago mit eigener Flugnummer vermarktet, bietet die Deutsche Lufthansa den gleichen Flug unter ihrer Flugnummer an.

- **Komplementäres Code-Sharing:** Beim komplementären Codes-Sharing geht es um die Verbindung von Strecken, um eine Fluglinie zwischen zwei Orten zu ermöglichen. Austrian Airlines bietet beispielsweise einen Flug von München nach Barcelona mit Zwischenstation in Wien an. Den ersten Teil übernimmt die Lufthansa, wird aber trotzdem als Austrian Airlines-Flug vermarktet, die Strecke von Wien nach Barcelona führt die Austrian Airlines selbst durch, umgekehrt listet Lufthansa den Flug von Wien nach Barcelona in ihrem Angebot.

Abhängig davon, wie stark die Airlines in Bezug auf Kapazitäten und Preisfindung miteinander kooperieren, lassen sich folgende Code Share-Typen klassifizieren: [15]

- **Free Sale:** Es wird nicht vorgeschrieben, wie viele Plätze eines Code-Sharing Fluges die beteiligten Fluggesellschaften verkaufen dürfen. Die Kapazitätsgrenze bildet das Maximum. Den Betrag, den die ausführende Airline pro Sitzplatz bekommt, wird im Voraus festgelegt. Hierbei trägt die ausführende Fluggesellschaft das Verkaufsrisiko.

---

[14] Vgl. Strobach, Wettbewerb im Luftverkehr, 2007, S. 36
[15] Vgl. Wiezorek, Strategien europäischer Fluggesellschaften, 1998, S. 251

- **Blocked Space:** Im Vergleich zum Free Sale ist die Platzverteilung beim Blocked Space von Anfang an geregelt. Die Anzahl der Sitzplätze ist für jede Airline vorbestimmt.

- **Revenue Sharing:** Beim Revenue Sharing wird die Anzahl der Sitze nicht bestimmt, die Preisbestimmung wird gemeinsam vollzogen und die Aufteilung der Einkünfte wird zuvor festgelegt. Das Verkaufsrisiko liegt bei allen Partnern.

- **Profit Sharing:** Genauso wie beim Revenue Sharing ist kein festes Sitzplatzkontingent festgelegt. Allerdings werden hierbei nicht nur die Einnahmen, sondern auch die Kosten geteilt. Der Gewinn wird nach vorbestimmtem Schlüssel ausbezahlt.

Aus dem Code-Sharing ergibt sich eine Vielzahl von wirtschaftlichen Vorteilen für die Airlines:[16]

- Die Code-Share-Mitglieder können Flüge zu höheren Frequenzen anbieten und dadurch ein höhere Anzahl an Kunden für sich gewinnen. Des Weiteren bevorzugen die meisten Kunden komplementäre Code-Sharing Flüge im Gegensatz zu Umsteigeflügen, die von unabhängigen Fluggesellschaften durchgeführt werden. Diese Art von Code-Sharing Flug wirkt für den Kunden wie ein Flug mit nur einer Airline.
- Für Fluggesellschaften, denen es aus rechtlichen Gründen nicht möglich ist, bestimmte Gebiete anzufliegen, können dennoch Flüge anbieten, da sie jene nicht selbst ausführen.
- Code-Sharing-Abkommen lockern den Wettbewerb innerhalb der Partner. Dies hat zur Folge, dass die Strecken und Frequenzen nicht eigensinnig, sondern kooperativ entworfen werden und somit die Sitzladefaktoren erhöht werden.
- Code-Sharing-Vereinbarungen bringen dem Kunden viele Reisevereinfachungen, wie zum Beispiel einen durchgängigen Gepäcktransport sowie eine feste Vergabe der Sitzplätze für den Anschlussflug im Voraus, sodass er sich beim Umstieg während der Reise nicht darum kümmern muss.

---

[16] Vgl. Pompl, Luftverkehr, 2007, S. 141

- Bisherige Routen, die nicht sehr profitabel sind, können trotzdem angeboten werden.
- Ein weiterer großer Vorteil entsteht daraus, dass bei Computerreservierungssystemen meistens die Flüge der ersten Seite gebucht werden. Durch die Mehrfachlistungen bei Code-Sharing-Flügen werden die Konkurrenzflüge auf die hinteren Plätze verschoben.

4.2 Hub and Spoke-System

Ein Hub and Spoke-System bezeichnet ein Streckennetz, welches mit einer Speiche zu vergleichen ist. Als Ausgangspunkt steht ein zentraler Flughafen, der als Hub bezeichnet wird. Diesem Hub sind die verschiedenen Fluglinien, die auch als Spokes bezeichnet werden, speichenartig zugeordnet. Somit werden die Flüge an einem zentralen Ort zusammengefasst und können dann neu aufgeteilt werden. Dadurch werden direkte Flugverbindungen immer mehr durch diese Flugzuordnungen ersetzt. Durch dieses System besteht die Möglichkeit, viele neue Flugverbindungen zu schaffen, da durch die Umsteigeverbindungen viele weitere Flugziele mit einbezogen werden können. Um das System weiter auszubauen, werden mehrere Hubs miteinander verbunden, sodass ein Netzwerk zwischen mehreren Drehkreuzen entsteht.[17]

Abbildung 4: Hub & Spoke Vernetzung

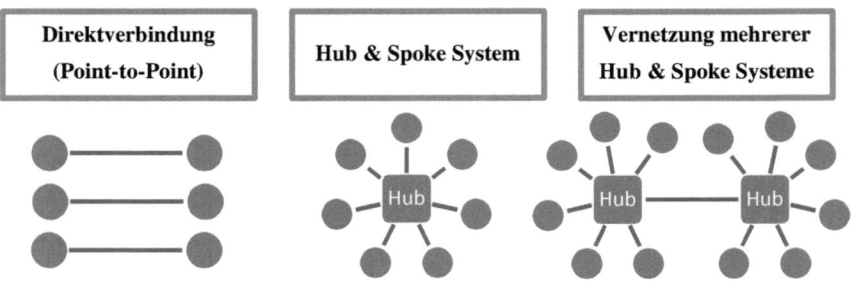

Quelle: Pompl, Luftverkehr, 2007, S. 170

---

[17] Vgl. Pompl, Luftverkehr, 2007, S. 169, 170

Das Hub and Spoke-System ist gerade für Unternehmenskooperationen von großem Nutzen:[18]

- **Verbundvorteile:** Einzelne Fluggesellschaften können Produktionsfaktoren, wie Wartungsarbeiten und Flugabwicklungen, gemeinsam verwenden. Des Weiteren profitieren die Fluggesellschaften von ihren Partnern, welche kontinuierlich Anschlussfluggäste bringen.

- **Angebotserweiterung:** Durch die Verbindung mehrerer Airlines und deren Vernetzung der Fluglinien ist es möglich, auch Flüge in bisher unzugängliche Regionen anzubieten.

- **Größere Marktausschöpfung:** Infolge der Vernetzung, können nun auch Ziele mit geringerer Nachfrage angeflogen werden.

- **Fortress-Effect:** Meistens wurde der Ursprungsflughafen einer Airline zum ersten Knotenpunkt der Hub-Vernetzung verwendet, da die bereits vorhandenen Slots erhebliche Vorteile gegenüber anderen Fluggesellschaften mit sich bringen. Unter Slots versteht man eine Zeitvorgabe, in der es Fluggesellschaften erlaubt ist, den Flughafen zum Starten oder zum Landen verwenden zu dürfen. Wenn eine Airline einen Flughafen dominiert und dort mehrere Slots besitzt, fällt es im Vergleich zu anderen Airlines leichter, Angebote liefern zu können, da die Konkurrenz diese nur unter höherem Kostenaufwand anbieten kann.

4.3 Technische Zusammenarbeit

4.3.1 Informationsfluss

Die Star Alliance besitzt weder Flugzeuge, noch Gebäude und beschäftigt auch keinen Piloten oder Flugbegleiter. Sie kann nur mit Hilfe ihrer Kooperationspartner Leistungen erbringen, da sie nur als Vermittler zwischen den Fluggesellschaften und den Kunden steht und für eine gute Vernetzung und Informationsfluss zwischen den Allianzmitgliedern sorgt. Voraussetzung hierfür sind bestimmte Vermittlungstechniken.

---

[18] Vgl. Pompl, Luftverkehr, 2007, S. 169

Die Star Alliance stellt ihren Mitgliedern eine Vernetzung über „StarNet" zur Verfügung. Diese Technologie ermöglicht eine gute Kommunikation zwischen den Allianzpartnern durch elektronische Informationsübertragung.

Sie wird erweitert, indem durch die sogenannte „Common-IT-Platform" einzelne Systeme der Airlines gemeinsam genutzt werden können und somit zum Nutzen der Mitglieder und Kunden dienen.[19] Einige Funktionalitäten werden durch diese Methode deutlich vereinfacht. Sie dient zur Verbesserung der Flugplanerstellung, der Verfügbarkeitsprüfung, der Reservierung, der Preisbestimmung, sowie des Check-ins. Diese neue Plattform führt zu einer Effizienzsteigerung der einzelnen Airlines, da diese auf den gemeinsamen Datenstrom zugreifen können. Die Informationen sind dadurch deutlich übersichtlicher und qualitativer. Folglich sind die Allianzmitglieder in der Lage, ihren Kunden einen besseren Serviceumfang anbieten zu können. Dadurch erhöht sich nicht nur der Kundennutzen. Durch die Vereinfachung und Vernetzung der Systeme und den folglich geringeren Koordinationsaufwand der einzelnen Allianzmitglieder, werden Verwaltungskosten eingespart. [20]

4.3.2 Beschaffung und Wartung

Ein sehr relevantes Thema zur Kostenregulierung ist der gemeinsame Einkauf der Allianzmitglieder. Einzelne Fluggesellschaften können sich bei der Beschaffung von Materialien, Werkzeugen, Software und Treibstoff zusammenschließen und haben somit die Möglichkeit in großen Mengen einzukaufen, um Mengenrabatte auszunutzen.

Ein weiterer Vorteil im gemeinsamen Einkauf liegt darin, dass durch die hohe Abnahmemenge ein hoher Druck auf den Lieferanten ausgeübt werden kann. Dadurch können niedrigere Preise erzwungen werden. Trotzdem vollziehen die meisten Airlines ihre Einkäufe unabhängig voneinander, obwohl in diesem Segment noch weitere Einsparmaßnahmen möglich wären.

---

[19] Vgl. Kraft, Geschäftsmodelle strategischer Luftverkehrsallianzen, o.J., S. 7
[20] Vgl. Austrian Airlines nutzt Common IT Platform der Star Alliance, airliners.de

13

4.3.3 Strategische und operative Planung

Wie bereits beschrieben, agiert die Star Alliance in Art einer Vermittlerposition. Verantwortlich für die Erbringung der Leistung sind die Allianzmitglieder selbst. Grundlegende Aufgaben sind dabei, die Zusammenarbeit der Allianzpartner in bestimmten Bereichen zu ermöglichen, zu koordinieren und allianzübergreifende Verbesserungsprojekte zu leiten. Dafür ist eine gute Planung notwendig.

Bei der strategischen Planung wird versucht, die Planung so anzulegen, dass langfristige Ziele erreicht werden. Hierbei werden sowohl die Ziele der Allianz, die der Mitglieder, als auch Kundenwünsche miteinbezogen.

Das Hauptziel der Star Alliance besteht darin, die Mitglieder durch die Vernetzung und Zusammenarbeit wirtschaftlich zu stärken und wettbewerbsfähiger zu machen. Neben Kosten zu senken wird hierbei besonders darauf Wert gelegt, Umsätze zu generieren. Dieses Ziel setzt voraus, dem Kundenwunsch, der perfekten Reise, gerecht zu werden. Hierzu zählen schnellere Verbindungen in einem optimal ausgebauten Streckennetz, unkompliziertes Reisen und hohe Servicequalität.

Bei der strategischen Planung muss darüber entschieden werden, welche Airlines in Zukunft als Allianzpartner zugelassen werden, welche Produkte entwickelt bzw. weiterentwickelt werden und wie das Image verbessert werden kann. Im Vergleich dazu können die Mitglieder über das Flugangebot, die dazugehörige Gewinnaufteilung und über Code-Share-Vereinbarungen selbst entscheiden.

Bei der operativen Planung werden im Vergleich zur langfristigen Entscheidungen kurz- bis mittelfristige Ziele behandelt. Bei temporären Veränderungen ist es von großer Bedeutung, die Flugpläne kontinuierlich anzugleichen, um die Flugrouten, Start- und Landezeiten und die Anzahl der Flüge zu optimieren. Dadurch steigert sich die Attraktivität der Flüge für die Kunden, wodurch ein höherer Marktanteil erzielt wird und somit der Umsatz steigt. [21]

---

[21] Vgl. Kraft, Geschäftsmodelle strategischer Luftverkehrsallianzen, o.J., S. 3

5 Kundenbindung

5.1 Serviceleistungen

Betriebswirtschaftliche betrachtet ist ein Produkt das Resultat mehrerer Produktionsfaktoren. Aus unternehmerischer Sicht muss das Produkt den Vorgaben entsprechen und zu möglichst geringen Kosten produzierbar sein. Aus der Sicht des Kunden dient ein Produkt aber meist dazu ein Bedürfnis zu befriedigen oder ein Problem zu lösen.

Im hier vorliegenden Fall versucht der Kunde sein Problem, die Reise zu einem bisher unerreichbaren Ort, zu lösen. Der Flug wird also nur in Anspruch genommen, um einen Ortswechsel zu vollziehen und nicht um einfach nur zu fliegen.

Da bei der Entscheidung, welcher Flug ausgewählt wird, auch noch andere Faktoren eine Rolle spielen, wie beispielsweise Flugzeiten, Anreisemöglichkeiten und Verpflegung, können sich die Fluggesellschaften auch durch weitere Dienstleistungen neben dem Flug gegenüber der Konkurrenz abheben.

Beim Zusammenarbeiten der Allianzmitglieder stehen vor allem absatzorientierte Prozesse im Vordergrund. Hauptsächlich werden hierbei Projekte durchgeführt, die dazu dienen sollen, den Kundenservice zu verbessern.

Durch neu hinzugewonnene und zusammengelegte Netzwerke, werden die Gewinne erhöht. Des Weiteren werden durch die bessere Ressourcennutzung Kosten gespart. Trotz Kooperation soll die Individualität aller Allianzmitglieder bestehen bleiben. Dennoch müssen die Mitglieder festgelegte Mindeststandards erfüllen, sodass gewährleistet ist, dass den Kunden überall gleiche Serviceleistungen geboten werden.

In Bezug auf die Serviceleistungen ergeben sich für die Allianzmitglieder und die Kunden viele Vorteile, da die Star Alliance Partner sowohl lokale Arbeitsbereiche, als auch IT-basierte Systeme immer mehr zusammen verwenden. Durch gemeinsame Hubs werden sowohl Zeiten, als auch Distanzen verkürzt und somit Kosten gespart.[22]

Der Weg von der Reservierung des Fluges bis hin zur Ankunft lässt sich in einer sog. „Reisekette" beschreiben. Die Prozesse werden in Serviceleistungen unterteilt, die vor dem Flug, während dem Flug und nach dem Flug stattfinden: [23]

---

[22] Vgl. Kraft, Geschäftsmodelle strategischer Luftverkehrsallianzen, o.J., S. 10
[23] Vgl. Kraft, Geschäftsmodelle strategischer Luftverkehrsallianzen, o.J., S. 9

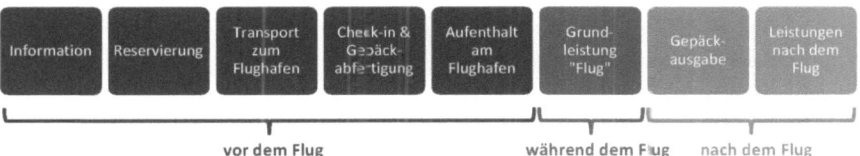

Quelle: Kraft, Geschäftsmodelle strategischer Luftverkehrsallianzen, o.J., S. 9

- **Information:** Nicht nur durch gutes Marketing werden Kunden angezogen, auch mit anderen Informationen können Kunden angelockt werden. Dazu zählen gedruckte Flugpläne, Zugriff auf Online-Informationsdienste, klar verständliche Angebote und auch persönliche Unterstützung durch Reisebüros.

- **Reservierung:** Eine Reservierung sollte möglichst komfortabel für den Kunden sein. Wichtig ist hierbei, dass das Reservierungssystem einfach und zuverlässig funktioniert. Es sollte dem Kunden möglich sein, die Buchung und die Sitzreservierung sowohl von zu Hause aus, über das Internet, oder ein Airline-Callcenter, als auch vor Ort, in einer Agentur oder am Flughafen zu vollziehen. Nach Möglichkeit sollte es die Option geben, die Tickets selbst auszudrucken. Des Weiteren sollten spezielle Leistungen, wie der Transport von Kleintieren, oder besondere Verpflegungswünsche hinzubuchbar sein. Dazu zählen auch Hotelreservierungen und Mietwagen.

- **Transport zum Flughafen:** Zusatzleistungen vor dem Flug sind für Kunden von großem Vorteil. Ein im Preis enthaltener Transport zum Flughafen mit öffentlichen Transportmitteln vereinfacht die Planung des Fluggastes. Dieser muss sich nicht extra um die Anreise zum Abflughafen kümmern. Falls er selbständig anreist, stehen ihm Parkmöglichkeiten zur Verfügung.

- **Check-in und Gepäckabfertigung:** Einchecken mit dem Handy, Online oder per Telefonanruf erleichtern diesen Vorgang ungemein und der Passagier kann dadurch Zeit einsparen. Um den Eincheckvorgang zu erleichtern, werden die Check-in Schalter oft nach Beförderungsklassen sortiert und der Weg dorthin durch Leitsysteme

16

gekennzeichnet. Um den Check-in für Reisende, die ausschließlich mit Handgepäck reisen, zu beschleunigen, gibt es sogenannte Automaten Check-Ins. Gerade beim Check-In können die Star Alliance Partner gut zusammenarbeiten, indem sie die Schalter gemeinsam Nutzen.

- **Aufenthalt am Flughafen:** Auch die Wartezeit vor dem Flug, wird dem Kunden durch Serviceleistungen erleichtert. Bei weiteren Fragen zum Flug stehen ihnen Mitarbeiter jederzeit zur Verfügung. Die Aufenthaltsräume sind mit guten Leistungen ausgestattet. Es besteht ein Service der Betreuung, eine Möglichkeit zum Kauf von Speisen und Getränken und Unterhaltungsmöglichkeiten, wie Internetzugang oder Zeitschriften. Speziell für Kinder gibt es eigene Abteilungen für Unterhaltung. Auch körperlich behinderte Gäste oder Kinder, die alleine reisen, werden durch gute Betreuung unterstützt. Bei großen Distanzen beim Umstieg wird den Kunden ein Transport zwischen den Flugsteigen zur Verfügung gestellt. Informationen über Anschlüsse oder Änderungen der Abflug- und Landezeiten werden den Fluggästen zeitnah mitgeteilt. Diese Dienstleistungen werden von den einzelnen Airlines zusammen verwendet und bieten dadurch einen besseren Service und eine größere Auswahl an Nebenleistungen.[24]

- **Grundleistung „Flug":** Durch das Zusammenarbeiten der Allianzmitglieder und die Vernetzung der Flugrouten, bietet sich die Möglichkeit, die Grundleistung „Flug" bestmöglich zu optimieren. Die Leistungen während des Fluges beinhalten komfortable Flugzeuge, gut ausgebildetes Bordpersonal, Unterhaltung und Verpflegung. Art und Umfang dieses Services bleibt den Allianzpartnern selbst überlassen, dass weiterhin eine Wettbewerbssituation besteht. Auch das Personal können die einzelnen Fluggesellschaften selbst bestimmen.

- **Gepäckausgabe:** Kunden profitieren von besseren Planungssystemen und Dienstleistungen bei Gepäckabfertigung. Bei schwerem Gepäck wird ihnen Hilfe geleistet, bei Schäden oder Verlusten des Gepäcks kümmert sich die Airline um Ersatz. Konnten die Gepäckstücke des Passagiers bei der Ankunft am Flughafen nicht abgeholt werden, sorgt die Fluggesellschaft dafür, dass das Gepäck dem Kunden zugestellt wird.

---

[24] Vgl. Pompl, Luftverkehr, 2007, S. 86

- **Leistungen nach dem Flug:** Nach Ankunft am Flughafen bietet die Allianz weitere Dienstleistungen an. Die Kunden können die sanitären Anlagen der Lounges nutzen, vor Ort Hotels oder Mietwägen buchen oder sich über Beförderungsmöglichkeiten in der Stadt informieren. Sollte während des Fluges eine Unannehmlichkeit entstanden sein, so besteht die Möglichkeit, eine Beschwerde einzureichen. Dies soll auch dazu dienen, das Angebot zu verbessern und zu erweitern.

  Kunden werden auch nach ihrer Reise über weitere Flüge informiert. Aufgrund der bekannten Informationen über die Kunden, können personalisierte Angebote erstellt und dem Kunden zugesandt werden. [25]

5.2   Vielfliegerprogramme

Vielfliegerprogramme sind Marketing- und Wettbewerbsmethoden, mit welchen die Airlines Marktschwankungen ausgleichen können. Sie bilden heutzutage ein wichtiges Element in jeder Kooperation, Airlines ohne diese Programme sind am Markt deutlich benachteiligt. Grundlegend ähneln sich die Methoden der Allianzen, jedoch variieren sie in den Einzelheiten. Die Grundidee besteht darin, dass ein Kunde, welcher mit einer bestimmten Fluggesellschaft fliegt, pro Flug eine vorher festgelegte Anzahl an Bonuspunkten sammelt, welche danach gegen eine Gegenleistung eingetauscht werden können. Diese können auch bei anderen Allianzmitgliedern gesammelt werden. Die Anzahl der Bonuspunkte ist abhängig von der Streckenlänge des Fluges. Bessere Flugkategorien werden dabei höher gewichtet und erhalten folglich mehr Bonusmeilen. Neben den Flugmeilen ist es auch möglich, die Bonuspunkte in Hotels und bei Autovermietungen zu erhalten. Die Bonuspunkte können gegen kostenlose Flüge, bessere Flugkategorien oder Sachleistungen eingetauscht werden. Der Wert der Prämie steigt im Vergleich zur Punktezunahme deutlich schneller, um den Kunden für einen weiteren Flug zu binden. Dadurch, dass die Bonusmeilen nach einiger Zeit verfallen, wird der Kunde dazu animiert, der Fluggesellschaft treu zu bleiben.[26] Des Weiteren gewähren Vielfliegerprogramme die Möglichkeit, Preiswettbewerbe zu umgehen, da Kunden möglicherweise bereit sind, einen höheren Preis zu zahlen, wenn sie im Gegenzug Bonuspunkte sammeln können. Außerdem ist es möglich, die Nachteile der Vernetzung des Hub & Spoke

---

[25] Vgl. Pompl, Luftverkehr, 2007, S. 88
[26] Vgl. Beyhoff, Vielfliegerprogramme und der Wettbewerb im Luftverkehr, 1994, S. 7

Systems zu kompensieren, da lange Umsteigezeiten und Umwege mithilfe der Bonuspunkte entschädigt werden können. Da bei Vielfliegerprogrammen die Punkte nur an natürliche Personen vergeben werden, können bei Geschäftsreisen die Punkte nicht an die Arbeitgeber verteilt werden. Die Arbeitgeber bezahlen zwar den Flug, meist hat aber der Mitarbeiter die Wahl, mit welcher Fluggesellschaft er fliegen möchte und kann die Bonuspunkte dann privat nutzen. Besitzt der Mitarbeiter bereits ein privates Punktekonto bei einer Fluggesellschaft, so ist es sehr wahrscheinlich, dass er diese auch für seine Geschäftsreisen wählen wird. Ein weiterer Vorteil besteht darin, dass hierbei Marketinginformationen über die Passagiere bekannt werden. Die Airline erfährt sowohl den Namen mit Anschrift, als auch persönliche Vorlieben des Kunden, wodurch ein personalisierter Steckbrief des Kunden entworfen werden kann, um diesen mit optimalen Marketingmethoden anzuwerben. [27]

Durch Vielfliegerprogramme werden zwar Kosten verursacht, die für Verwaltung und Aufwand anfallen, allerdings werden durch eine hohe Anzahl neu gewonnener Kunden diese nicht nur ausgeglichen, sondern damit sogar Gewinne erzielt.
Vielfliegerprogramme werden durch die Präsenz und das Angebot einer Airline verstärkt. Flughäfen, die für die Kunden besser erreichbar sind, werden bevorzugt. Je besser das Streckennetz ausgebaut ist, desto mehr spricht der Flughafen die Kunden an. Um die Vernetzung auszubauen, können Code-Sharing-Abkommen vereinbart werden oder Allianzen eingegangen werden. Daher werden durch Vielfliegerprogramme kleine Fluggesellschaften ohne solches Programm vom Markt verdrängt werden, da Bonusprogramme mittlerweile von den Kunden vorausgesetzt werden und dienen somit auch als Markteintrittsbarriere. [28]

---

[27] Vgl. Pompl, Luftverkehr, 2007, S. 89
[28] Vgl. Beyhoff, Vielfliegerprogramme und der Wettbewerb im Luftverkehr, 1994, S. 14

Es stehen zudem weitere Angebote zur Verfügung, um Vielflieger zu binden: [29]

- **Kundenstatus:** Den Vielfliegerkunden wird nach einer bestimmten Anzahl zurückgelegter Kilometer ein Status anerkannt. Bei der Star Alliance wird zwischen den zwei Status Gold & Silver unterschieden.

    Hat man einen solchen Status erreicht, erhält man ein Vorrecht gegenüber anderen Reisenden, hat Zutritt zu exklusiveren Lounges und erhält bessere Werbegeschenke. Durch den erhöhten Status kann der Kunde schneller einchecken und zusätzliches Gepäck ohne weitere Zusatzkosten mitnehmen. Des Weiteren kann vor allen anderen Fluggästen an Board gegangen werden. Verpasst ein Statuskunde seinen Flug, wird ihm schnellstmöglich ein Alternativflug zur Verfügung gestellt, ist ein Flug bereits ausgebucht wird er auch auf der Warteliste bevorzugt. Auch bei der Gepäckausgabe wird er mit höchster Priorität behandelt.

- **Unternehmensförderungsangebote:** Besonders Firmen, die häufig Flüge bei der Allianz buchen, werden speziell gefördert. Sie erhalten Preisrabatte, eine gesonderte Betreuung und Rückzahlungen am Ende einer Periode. Dabei gestaltet sich die Verwaltung für beide Seiten recht einfach, da es einen Vertrag gibt, der für alle Flüge des Unternehmens gelten.

- **Service Cards:** Bei Service Cards handelt es sich um Kreditkarten, welche neben der bekannten Zahlungsfunktion noch andere Vorteile bieten. So kann mit der Service Card ein Vorrang auf der Warteliste gegenüber anderen geltend gemacht werden. Des Weiteren können damit Kartentelefone benutzt werden und sie gewähren Eintritt in Lounges oder Zusatzleistungen bei Kooperationspartnern. Aufgrund der Kombination von Zahlungsmittel und Vorzugskarte sind Service Cards gerade bei Geschäftsreisenden sehr beliebt.

---

[29] Vgl. Pompl, Luftverkehr, 2007, S. 89, 93

6   Probleme und Risiken einer strategischen Allianz

Neben den Vorteilen der Gewinnoptimierung und der Kundenbindung, können Kooperationen in Form von strategischen Allianzen auch Probleme und Risiken mit sich bringen.

6.1   Probleme

- **Konflikte in der Zusammenarbeit:** Durch eine Vielzahl von verschiedenen Koordinationssystemen kann es dazu führen, dass sich die Airlines in Bezug auf Entscheidungen, nicht einigen können. Abläufe und Verhandlungen werden dadurch deutlich beeinträchtigt. Bei einer großen Mitgliederzahl wird es nur selten eine einstimmige Abstimmung geben. Somit ist es nicht möglich, immer alle Interessen miteinzubeziehen. Um dies zu vermeiden, bietet es sich an, neue Vorhaben erst in kleinerer Runde zu besprechen, bevor die restlichen Mitglieder mit eingebunden werden. Bei manchen Entscheidungen kann es nicht vermieden werden, dass das Ergebnis für einzelne Mitglieder ungünstig ist. Deshalb müssen einzelne Fluggesellschaften auch bereit sein, diese Lösungen zu akzeptieren.

- **Hohe Kooperationskosten:** Damit die Synergieeffekte in einer strategischen Allianz aufrecht erhalten bleiben, müssen stetig Investitionen getätigt werden. Sie sind nicht im Voraus abschätzbar und müssen den geplanten Kostenvorteilen, die mit Hilfe der Kooperation entstehen, gegengerechnet werden. Die Kooperationskosten, die ein Allianzmitglied zu tragen hat, bestehen aus den Opportunitätskosten, den Transaktionskosten und den Friktionskosten. Die Opportunitätskosten beschreiben jene Kosten, welche durch die Bindung an die Allianz, also durch das Verzichten auf vollkommene Entscheidungsfreiheit, entstehen. Die dafür benötigten Mittel kann die Airline nicht mehr für andere Investitionen verwenden. Die Transaktionskosten entstehen der Star Alliance bei der Verwaltung und Organisation der gesamten Allianz und werden auf alle Allianzmitglieder aufgeteilt. Den letzten Anteil der Kooperationskosten bilden die Friktionskosten, welche mit der steigenden Komplexität und den damit verbundenen Koordinationsproblemen der Allianz wachsen.[30]

-

---

[30] Vgl. Schölkmann, Strategische Allianzen im Luftverkehr, 2013, S. 52, 53

- **Nachteile für Kunden:** Durch das Hub and Spoke System kann die Reisedauer erhöht werden, da gerade bei längeren Flügen keine direkte Verbindung vorhanden ist, sondern auf das nächste Anschlussflugzeug gewartet werden muss. Des Weiteren ist es möglich, dass diese Hubs überlastet sind, was zur Folge hat, dass die Kapazität der Wartebereiche nicht ausreicht und die Gefahr, dass das Gepäck verloren geht, erhöht wird. Sind Allianzmitglieder auf einer bestimmten Fluglinie die einzigen Anbieter, so werden diese ihre Monopolstellung ausnutzen und die Preise erhöhen.

Auf Grund der Code-Sharing-Vereinbarungen bemerkt der Reisende oft erst kurz vor Reiseantritt, dass die ausführende Fluggesellschaft eine andere ist, als die gebuchte. Unter Umständen bietet diese Airline nicht die gewünschten Leistungen, die er von einer anderen Fluggesellschaft gewohnt ist. [31]

6.2   Risiken

Durch Vorschriften sind strategische Allianzen in ihren Ausführungsmöglichkeiten rechtlich eingeschränkt. Die Mitglieder dürfen nur unter bestimmten Grundbedingungen handeln. Sollte die Allianz zu große Ausmaße annehmen, besteht das Risiko, dass die verantwortlichen Behörden die Rechte einer Kooperation auflösen oder diese so ändern, dass die Ziele negativ beeinflusst werden.

Die Partnerwahl kann ebenfalls Risiken mit sich bringen. Beispielsweise, wenn sich ein Partner neu ordnet und somit nicht mehr die gleichen Ziele wie die Allianzpartner verfolgt. Zudem besteht die Gefahr, dass es nicht funktioniert, eine neue Airline in die Allianz einzugliedern, weil deren Wertevorstellungen und Führungsstil nicht an die Allianz anpassbar sind. Sollte die Allianz zerbrechen, entstehen neben der ohnehin verlorenen Investition zusätzlich noch Rückbaukosten.

Wenn eine Airline aus der strategischen Allianz nicht dieselben Standards anbieten kann, da sie beispielsweise aus einem anderen Land stammt und aus rechtlichen Gründen nicht in der Lage ist, den Anforderungen nachzukommen, kann dies zur Folge haben, dass andere Airlines oder die Allianz selber darunter leiden. Beispielsweise wird der Ruf der Allianz verschlechtert oder bei Zahlungen für eine Airline anderen Fluggesellschaften dafür aufkommen müssen. [32]

---

[31] Vgl. Schölkmann, Strategische Allianzen im Luftverkehr, 2013, S. 57, 58
[32] Vgl. Schölkmann, Strategische Allianzen im Luftverkehr, 2013, S. 53,54

7 Fazit

Die Kooperation in einer strategischen Allianz trägt beträchtlich zur Gewinnoptimierung bei. Mit Hilfe von Code-Sharing-Abkommen können neue Routen angeboten werden, welche durch die Hub and Spoke Vernetzung optimiert werden. Durch gemeinsame Ressourcennutzung, Wartung und Einkauf können zudem noch weitere Kosten eingespart werden. Des Weiteren profitieren alle beteiligten Unternehmen in der Allianz von guten Kundenbindungsmöglichkeiten. Infolge des Informationsflusses innerhalb der Allianz, ist es den Mitgliedern möglich, noch bessere Serviceleistungen anbieten zu können, was einer einzelnen Fluggesellschaft nicht möglich wäre.

Um erfolgreich auf einem Markt bestehen zu können, ist es meist notwendig, seine Kosten zu senken, aber gleichzeitig zu versuchen, Kunden zu binden und diesen gute Leistungen anzubieten.

Hierbei ist ein Zusammenschluss zu einer strategischen Allianz sehr sinnvoll, da die Mitglieder durch die Zusammenarbeit diese Ziele schneller erreichen können, folglich kann bei strategischen Allianzen durchaus von einem Erfolgskonzept gesprochen werden.

Literaturverzeichnis

Backhaus, K./Piltz, K.: Strategische Allianzen – Eine neue Form kooperativen
Wettbewerbs?, Düsseldorf: Zeitschrift für betriebswirtschaftliche Forschung,1990.

Beyhoff, S.: Vielfliegerprogramme und der Wettbewerb im Luftverkehr, Deutsche
Forschungsanstalt für Luft- und Raumfahrt, Köln: DLR, 1994.

Conservapedia: Henry Ford - Sayings, URL:
http://www.conservapedia.com/Henry_Ford, [Stand: 05.2014].

Götte, S (Hrsg.): Fallstudie zur markorientierten Unternehmensführung, 1. Auflage,
Konstanz: Junge Medien, 2008.

Kewes, T.: Griff nach den Sternen,
URL: http://www.handelsblatt.com/unternehmen/handel-
dienstleister/erfolgsgeschichte-star-alliance-griff-nach-den-sternen/2808178.html,
[Stand: 05.2014].

Kraft, S.: Geschäftsmodelle strategischer Luftverkehrsallianzen, Gießen: o.J.

OneWorld: oneworld at a glance, URL:
http://de.oneworld.com/news-information/oneworld-fact-sheets/oneworld-at-a-glance,
[Stand: 05.2014].

Pompl, W.: Luftverkehr, 5. Auflage, Berlin: Springer, 2007.

Schölkmann, L: Strategische Allianzen im Luftverkehr am Beispiel der Star Alliance: Grin
Verlag, 2013.

SkyTeam: Zahlen und Fakten, URL:
http://www.skyteam.com/de/About-us/Press/Facts-and-Figures, [Stand: 05.2014].

Star Alliance: Austrian Airlines nutzt Common IT Platform der Star Alliance, URL:
http://www.airliners.de/austrian-airlines-nutzt-common-it-platform-der-star-alliance/12048, [Stand: 05.2014].

Star Alliance: Facts and Figures, URL:
http://www.staralliance.com/de/about/member_airlines, [Stand: 05.2014].

Sterzenbach, R., Conrady, R.: Luftverkehr – Betriebswirtschaftliches
Lehr- und Handbuch, 3.Auflage, München: Oldenbourg, 2003.

Strobach, D.: Wettbewerb im Luftverkehr – Deregulierung und strategische
Allianzen, Wien: 2007.

Sturm, R.: Allgemeine Betriebswirtschaftslehre, München: Oldenbourg, 2006.

Wiezorek, B.: Strategien europäischer Fluggesellschaften in einem liberalisierten
Weltluftverkehr, Frankfurt/Main: Peter Lang, 1998.

O.V.: Star Alliance Statistiken,
URL: http://www.staralliance.com/de/about/member_airlines, [Stand: 05.2014].

O.V.: strategische Allianz,
URL: http://wirtschaftslexikon.gabler.de/Archiv/54301/strategische-allianz-v5.html,
[Stand: 05.2014].